# ໂຕະອາຈານ

ໂດຍ: ພອນສະຫງຸກ ເວດຊະວົງ

ຮູບໂດຍ: ຈູນີ ມຣາດ

ອົງການ Library For All ແມ່ນອົງການທີ່ບໍ່ຫວັງຜົນກຳໄລ ທີ່ມີພັນທະກິດທີ່ຈະເຮັດໃຫ້
ທຸກຄົນ ສາມາດເຂົ້າເຖິງແຫຼ່ງຄວາມຮູ້ ຜ່ານບະອັດຕະກຳຫ້ອງສະໝຸດດິຈິຕອນ.
ເຂົ້າເບິ່ງລາຍລະອຽດເພີ່ມເຕີມທີ່: libraryforall.org

ໂຕະອາຈານ

ພິມຄັ້ງທຳອິດ 2020

ຈັດພິມໂດຍ: ອົງການ Library For All
ອີເມວ: info@libraryforall.org
URL: libraryforall.org

ປຶ້ມພາສາລາວເຫຼັ້ມນີ້ ຖືກສະໜັບສະໜູນໂດຍການຮ່ວມມືຂອງ

ຮູບແຕ້ມຕົ້ນສະບັບໂດຍ ຈູນິ ມໍຣາດ

ໂຕະອາຈານ
ພອນສະໝຸກ ເວດຂະວົງ
ISBN: 978-9932-09-118-8
SKU01103

# โตะอาจาบ

ຢູ່ໜ້າໂຕະອາຈາບມີທູາຍຢ່າໆ.

ມີປາກກາ ຟ້າ, ແດງ, ດຳ.

ມີສີດຳ ແລະ ສີສົ.

ມີປາງລົບ.

ພາຮາລ
ຄະນິດສາດ
ເຕັກໂນໂລຢີ

ມີປື້ມພິມ.

ມີປຶ້ມຂວງບ.

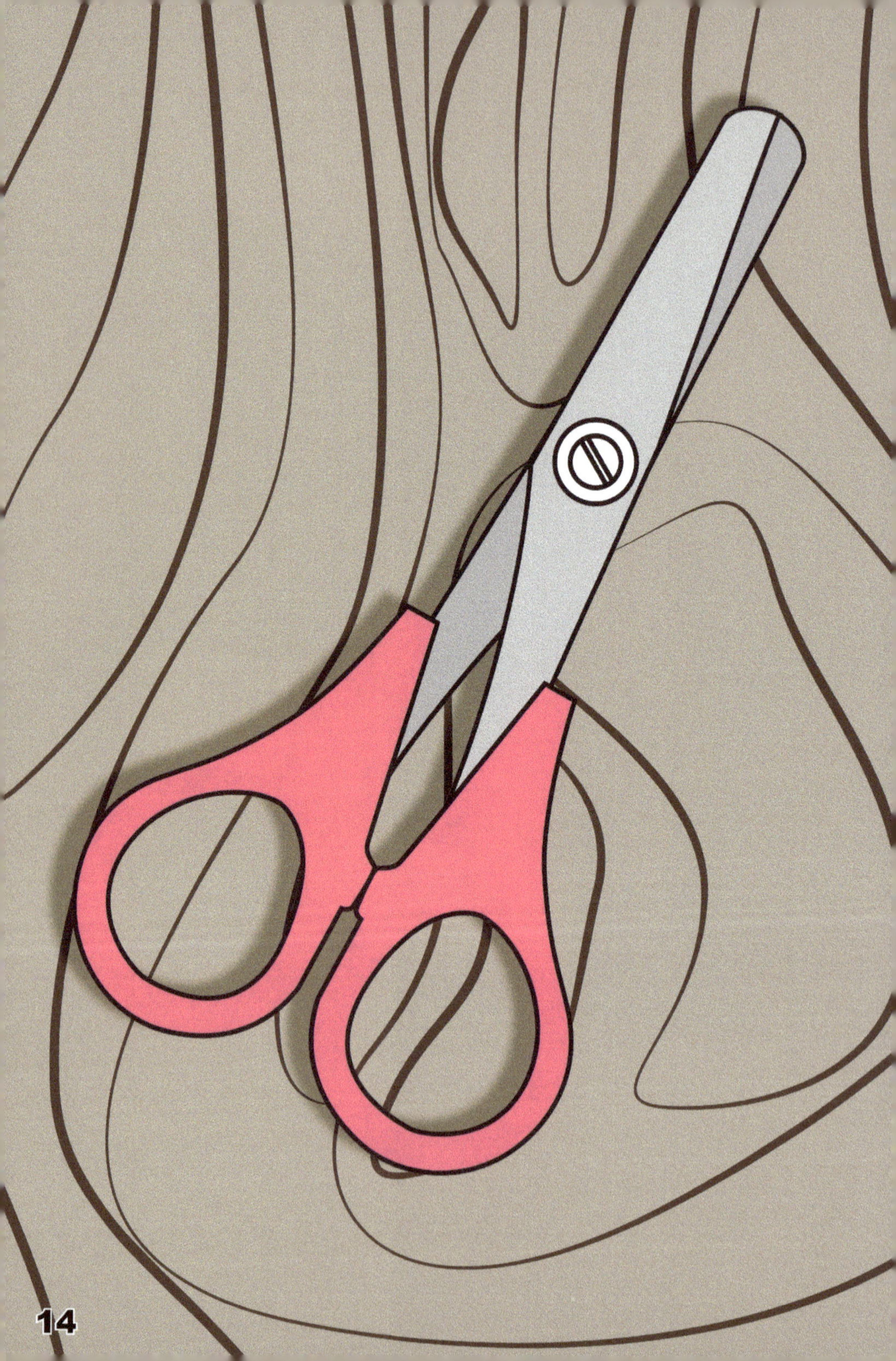

ມີມີດຕັດ.

ມີກາວ.

ມີໄມ້ຂັບທັດ.

ມີເຄື່ອງຈັກຄິດໄລ່.

ຂໍ້ມູນທາງບັນນາບຸກິນຂອງຫໍສະໝຸດແຫ່ງຊາດ

ພອນສະໝຸກ ເອດຂະວົງ
    ໂຕະອາຈານ 1 / ໂດຍ ພອນສະໝຸກ ເອດຂະວົງ. -- ວຽງຈັນ :
ມັກອານ, 2020
    21 ໜ້າ : ພາບປະກອບສີ ; 21 ຊມ
    1. ວັນນະກຳສຳລັບເດັກ
    I. ຊື່ເລື່ອງ
808.899282 -- dc211
    ເລກທະບຽນພິມຈຳໜ່າຍ: ຕາມໜບ282ພຈ 27102020
    ISBN 978-9932-09-118-8

# ເຈົ້າສາມາດໃຊ້ຄຳຖາມດັ່ງລຸ່ມນີ້ເພື່ອ ສືບທະບາກ່ຽວກັບເລື່ອງທີ່ອ່ານກັບ ຄອບຄົວ, ໝູ່ ແລະ ຄູອາຈານ.

ເຈົ້າໄດ້ຮຽນຮູ້ຫຍັງຈາກເລື່ອງນີ້?

ຈົ່ງອະທິບາຍເລື່ອງນີ້ ໂດຍໃຊ້ຄຳບັບຍາຍ
1ຄຳ. ຕະຫຼົກ? ຍ້ານ? ມິສິສັນ? ໜ້າສົນໃຈ?

ເມື່ອອ່ານຈົບແລ້ວ,
ເລື່ອງນີ້ໃຫ້ຄວາມຮູ້ສຶກຫຍັງແດ່?

ໃນເລື່ອງນີ້, ເຈົ້າມັກສິ່ງໃດຫຼາຍທີ່ສຸດ?

# ກ່ຽວກັບຜູ້ປະກອບສ່ວນ

Library For All ເຮັດວຽກຮ່ວມມືກັບນັກຂຽນ ແລະ ນັກແຕ້ມ ທົ່ວ ໂລກເພື່ອສ້າງເລື່ອງທີ່ຫຼາກຫຼາຍ, ມີຄຸນນະພາບສູງໃຫ້ກັບຜູ້ ອ່ານໂຕນ້ອຍ. ທຸກຄົນສາມາດເຂົ້າໄປ ເວັບໄຊ libraryforall.org ເພື່ອຮູ້ຂ່າວຫຼ້າສຸດ ກ່ຽວກັບກິດຈະກຳຝຶກອົບຮົມນັກຂຽນ, ຄູ່ມືຕ່າງໆ ແລະ ໂອກາດສ້າງສັບຮ່ວນໆ.

# ບ້ຳທືອບື້ມ່ອບບ່?

ພວກເຮົາມິບື້ມຫຼາຍຮ້ອຍທຶວໃຫ້ເລືອກອ່ານ.

ພວກເຮົາຮ່ວມມິກັບນັກຽຽນ, ຜ່ຽຽຽານດ້ານການສຶກສາ,
ທ່ປຶກສາທາງດ້ານວັດທະນະທຳ, ລັດຖະບານ ແລະ
ອຶງກອນທ່ບ່ຂຶ້ນກັບລັດຖະບານ ເພື່ອນຳຄວາມເພຶດເພຶບ ໃນການ
ອ່ານໃຫ້ກັບເດັກນ້ອຍທ່ວທຸກແຫ່ງ.

## ຮູ້ບ່?

ພວກເຮົາສ້າງການປ່ຽນແປງທ່ດິໃນຂ້ງເຂດນ້ີ ໂດຍປະຕິບັດ ເປ້າໝາຍກາ
ນພັດທະນາແບບຍຶບຍ້ງຂອງສະທະປະຊາຊາດ.

library forall.org